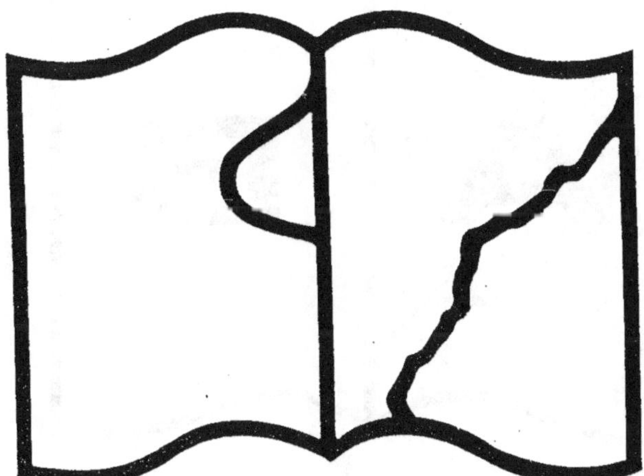

Texte détérioré — reliure défectueuse

NF Z 43-120-11

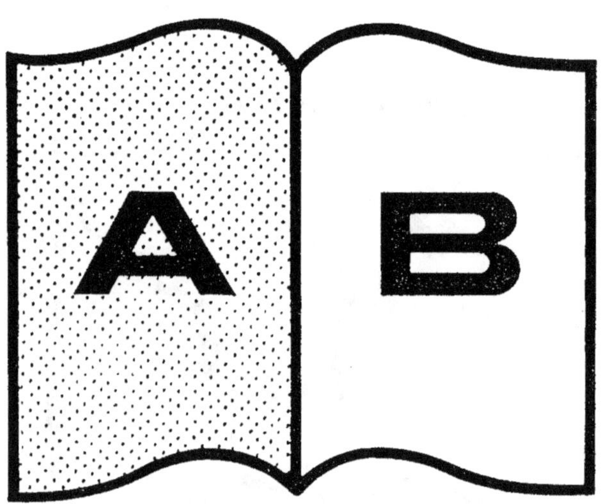

Contraste insuffisant

NF Z 43-120-14

MÉMOIRE

SUR LA
MER CASPIENNE.

Lû à l'Académie Royale des Sciences
en Mai 1777.

Par M. d'Anville,

Premier Géographe du Roi, des Académies des Belles-Lettres
& des Sciences de Paris & de celle de Péterſbourg, Secrétaire
de S. A. S. M.ʳ le Duc d'Orléans.

A PARIS,
DE L'IMPRIMERIE ROYALE.

M. DCCLXXVII.

MÉMOIRE
SUR
LA MER CASPIENNE.

L A Carte de la Mer Caspienne, envoyée il y a cinquante
& quelques années à l'Académie Royale des Sciences,
par le Czar Pierre, qui a si justement acquis le surnom de
Grand, parut alors un présent considérable fait à la Géographie.
Elle fut publiée sans retardement en deux feuilles, par M.
Delisle, & une copie toute semblable suivit presque aussi-tôt
à Amsterdam, chez un débitant nommé *Ottens*. Quelques
morceaux manuscrits dans un porte-feuille de la Bibliothèque
du Roi, m'engagèrent vers la fin de 1754, à dresser une
seconde Carte, en la publiant sous le titre modeste d'*Essai
d'une nouvelle Carte de la Mer Caspienne*. Je reviens volontiers
sur ce sujet en cette année 1777, pour soumettre au juge-
ment de l'Académie une discussion plus circonstanciée &
plus sévère, que dans des analyses très-superficielles, dont on
a accompagné la publication de quelques productions de ce
genre.

Avant que d'entrer dans cette discussion, il ne sera pas hors
de propos d'être prévenu de l'opinion où l'on étoit dans
l'Antiquité, sur la Mer Caspienne. Strabon dans le second
des deux livres, qui font un préliminaire général dans sa

A ij

Géographie, paroît persuadé que cette mer est une émanation
de l'Océan septentrional. Il lui assigne précisément une bouche,
στόμα, qui ouvre une communication de cette mer avec une
autre mer. Pline *(livre VI, chapitre 13)* s'explique d'une
manière formelle sur la Mer Caspienne, en disant, *irrumpit
e Scythico oceano in aversa Asiæ*, & ce qu'il ajoute peu après,
arctis faucibus, & in longum spatiosis, prend de la conformité
à ce que Méla avoit écrit avant lui, comme on peut voir
livre III, chapitre 5. Arrien, écrivain judicieux & réservé,
qui ayant commandé dans la Cappadoce au fond de l'Asie
mineure, étoit assez à portée d'être instruit sur la Mer Caspienne, dit précisément dans son Histoire de l'expédition
d'Aléxandre *(livre VII)* que l'origine de cette mer n'a point
encore été découverte. Mais, ce qu'il y a de plus singulier
à remarquer sur ce sujet, est de voir Hérodote informé de
ce qu'on ignoroit six cents ans plus tard, dans le second siècle
de notre Ere vulgaire sous les Antonins, dont Arrien étoit
contemporain. Ce n'est pas au reste que cet ancien Historien
soit sans défaut sur la Mer Caspienne, en lui donnant comme
il fait *(livre I, numéro 203)* plus d'étendue d'occident en
orient que du midi au septentrion.

Les premières notions positives qu'on ait eues sur la
Mer Caspienne, sont dûes à Antoine Jenkinson, habile
Navigateur, qui en 1558, étant au service d'une compagnie
Angloise de Commerce, parcourut la côte septentrionale de
cette mer, & une partie de l'orientale. Une Carte Géogra-
phique dressée à Londres par Jenkinson, & qui m'est tombée
entre les mains, témoigne ce qu'il avoit de mérite en ce
genre de travail. L'édition de sa relation dans le recueil de

Melchiſédec Thévenot, oncle du célèbre Voyageur de ce nom, publiée en 1663, eſt fautive ſur la latitude des poſitions. L'entrée du Wolga dans la Mer Caſpienne, au lieu de 46 degrés doit être 45. Mais les 27 minutes qu'il y ajoute, ſont très-juſtes au point préciſément que déſigne le nom d'*Ouſtié,* qui en Ruſſe ſignifie bouche ou embouchure. La graduation de la Carte envoyée à l'Académie par le Czar Pierre, fait monter ce point à 3 ou 4 minutes de plus, & celle qui eſt appliquée aux Cartes du Wolga par Olearius, a le même défaut. Les premières où l'on ait vu quelque réſultat des connoiſſances données par Jenkinſon, ſont celles de Guillaume Sanſon en 1767. Nicolas, mort en 1660, & figurant la Mer Caſpienne d'une manière auſſi informe que dans Ptolémée, n'avoit point connu Jenkinſon, dont la relation n'eſt devenue publique que trois ans plus tard. Un grand enfoncement dans le nord de la Mer Caſpienne, comme il eſt vrai que la navigation de Jenkinſon donnoit lieu de le figurer, eſt ici très-remarquable, en ce qu'il a pu faire naître l'idée qu'ont eue, ainſi que nous avons cru devoir l'expoſer, pluſieurs écrivains de grande conſidération dans l'Antiquité, que cette mer communiquoit à une autre mer, plus reculée dans la région ſeptentrionale du Monde. De l'exagération dans la profondeur de cet enfoncement, a donné à la Mer Caſpienne dans la Carte du Czar, deux degrés de latitude au-delà de ce qu'elle en occupe.

Une Carte particulière de ce qui dans l'Empire Ruſſe eſt adjacent à la Mer Caſpienne, ſous le titre de *Gubernium Orenburgenſe,* étant conférée dans ce qu'il y a de commun entre elle & celle que j'ai dreſſée de la Mer Caſpienne, j'ai eu la ſatisfaction d'y voir des rapports, qu'on ne jugera point être l'effet de quelque ménagement à l'égard d'un travail de ma part fur le même fujet. J'en produirai quelques exemples: l'ouverture du compas fur ma Carte, entre l'*Ouftié*, ou la bouche du Wolga, & celle du Jaïk, étant portée fur la graduation de latitude, eft égale à 2 degrés environ 42 minutes; dans l'autre, 2 degrés environ 35 minutes; & je dirai avec confiance que l'entrée du Wolga m'a été donnée bien plus précieufement figurée dans le détail, qu'elle ne l'eft de l'autre côté. Un autre efpace en cette même partie de mer, appelée Golfe d'Iemba, qui dans ma Carte eft de 3 degrés environ 28 minutes, entre la bouche du Wolga & une pointe au-devant de laquelle font des ifles nommées Orlow, eft de 3 degrés 30 & quelques minutes dans l'autre objet de comparaifon. Or, il eft ici très-remarquable, que par la combinaifon de deux efpaces particuliers, qui forment au total cent vingt lieues marines de compte rond, on ne puiffe en rigueur y voir de diverfité qu'environ un foixantième du total; & une pareille approximation fans avoir été concertée, peut-elle être autre chofe que l'effet d'une convenance avec l'objet même dans fa réalité?

Le Golfe qui fait la partie feptentrionale de la Mer Cafpienne, reçoit deux rivières, Jaïk, & Iem ou Iemba. Ptolémée eft bien d'accord à conduire deux rivières fur la côte feptentrionale de cette Mer; la première fous le nom de *Rhymnicus*, la feconde appelée *Daïx*. L'affinité de ce nom avec celui de Jaïk doit opérer une tranfpofition, comme je l'ai remarqué dans ma Géographie ancienne abrégée. Les Tartares appellent ce golfe *Mertvoi-Kultuk*, voulant dire que la Mer eft morte en cette extrémité. Les Turcs diroient *Olu-Degniz*. Jenkinfon nous indique Manguflave comme

un lieu proprè à aborder la côte méridionale de ce golfe ,
par 45 degrés de latitude; & dans la grande Carte de la
Sibérie , dreſſée par M. de Strahlenberg , Suédois , la première qui ait fait connoître l'intérieur de ce vaſte pays, ſur
les recherches de ſes compatriotes , que leur captivité après
la bataille de Pultawa y avoit diſperſés , Manguſſav ou Man-
kiſlav , eſt un promontoire , & un rendez-vous pour le commerce, *nundinæ* , que traverſe le parallèle de 45 degrés. Le
nom étant Manguſſav eſt conforme à l'Idiôme ſlavon que
parlent les Ruſſes ; *Meukiſlak* eſt le même nom, ſous la
forme qu'il prend dans l'idiôme propre aux Tartares de la
contrée. Jenkinſon ne dit point qu'il exiſte une ville de ce
nom, & ce qui eſt dit d'une ville de *Menkishlak* dans une
note de l'Hiſtoire généalogique Tartare *(page 649)* ne
mérite pas toute confiance, & eſt manifeſtement faux dans
les circonſtances, comme étant au nord du bras méridional
de la rivière d'Amou, à 38 degrés 30 minutes de latitude.
Car, cette bouche a été reconnue par les nouvelles connoiſſances acquiſes ſur le bord oriental de la Mer Caſpienne,
ſe rencontrer par 40 degrés environ 10 minutes.

Pour terminer ce qui regarde la Mer Caſpienne dans
Jenkinſon , vingt-trois journées de route d'une très-groſſe
caravane, en partant du voiſinage de Manguſſave, lui font
retrouver le bord de cette Mer dans l'enfoncement d'un
golfe, qui recevoit autrefois le canal méridional du fleuve
Amou. Cette ancienne embouchure ayant pris place dans
notre Carte à 40 degrés & environ 10 minutes, & cinq
degrés & environ un quart, qui ne donnent pas quatre
journées bien complettes dans l'eſpace du degré, c'eſt ce qui
peut paroître convenable à des journées de caravane ſans

Interruption dans une marche de plus de vingt jours. Ce golfe & des montagnes qui en font voifines, prennent le nom de la contrée, qui eft *Balkan,* & parce qu'il eft familier de voir deux liquides, *l* & *r,* fe permuter, ce nom nous fait connoître indubitablement les *Barcanii,* dont parle .Étienne de Byzance, comme étant voifins des Hyrcaniens, *fed quo latere,* comme s'en explique Cellarius, c'eft fur quoi les notions actuelles en Géographie ne nous laiffent point in-certains par le nom de Balkan. On trouve les *Barcanii* dans Quinte - curce *(livre III)* fournir un corps de douze mille hommes, dans la grande armée raffemblée par Darius, pour combattre Aléxandre dans les plaines de l'Affyrie. Je remarque qu'il eft queftion de Balkan dans l'Hiftoire généalogique Tartare, où le nom qui fe lit Abulkan eft affocié au Dahiftan, la proximité de ces contrées levant toute équivoque fur ce point. La configuration du Golfe, la connoiffance de plufieurs ifles affez grandes qu'il renferme, font dûes à un Anglois, qui porté dans ce canton - là précifément, y avoit commandé un parti. Le fond de ces circonftances particu-lières eft donné dans une Carte de la Mer Cafpienne, inférée par M. Hanway, dans la relation de fon voyage, mais établie fur un plan vicieux, qui eft de prendre autant d'efpace fur le papier entre les méridiens qu'entre les parallèles, ce qui. donne à fon objet une enflure qu'il n'a pas d'occident en orient. C'eft en même temps ce qu'on voit être étrangement défiguré , & fans aucune autre convenance que de fe ren-contrer en même hauteur dans la Carte du Czar.

Après avoir expofé ce que Jenkinfon prend de part dans les connoiffances qu'on a acquifes fur la Mer Cafpienne, Olearius qui tient une place diftinguée entre les voyageurs

les

les plus eftimables, nous a inftruit environ un fiècle plus tard, fur la côte occidentale de cette Mer. Mais avant tout, la pofition d'Aftrakan eft un point qui doit nous occuper particulièrement. M. Delifle publiant la Carte envoyée à l'Académie, annonce l'avoir réduite au Méridien de Paris, à 67 degrés de ce Méridien, & 87 du premier. C'eft par un même rapport dans le compte de la longitude, que dans ma Carte de la Mer Cafpienne, c'eft plutôt 68 que 67, & que dans la première partie de ma Carte de l'Afie, en comptant du premier Méridien, Aftrakan eft à 88. Car il faut vouloir, que la Mer Cafpienne prenne une longitude qui ait de la correfpondance avec le lieu d'Aftrakan. Or, la Carte publiée par M. Delifle, & qui conduit le Wolga, depuis le point qu'elle donne à Aftrakan jufqu'aux embouchures du fleuve en prenant de l'Eft comme du Sud, s'écarte par cette route du point que peut prendre l'embouchure par une route contraire. La Carte du cours du Wolga que nous devons à Olearius, nous montre le cours de ce fleuve depuis Aftrakan jufqu'à la Mer, participer prefque autant de l'Oueft que du Sud, & ce gifement-là n'eft employé qu'avec moins de rigueur dans ma Carte de la Mer Cafpienne.

C'eft une faute dans ma Géographie ancienne abrégée, de ne citer que Ptolémée comme feul des Géographes de l'Antiquité qui ait eu connoiffance de ce fleuve. Quelque fuccincte que foit la Géographie de Pomponius Méla, le *Rha* y eft cité comme dans Ptolémée, mais uniquement par fon nom, fans les circonftances que donne Ptolémée de deux fleuves, qui s'uniffent pour n'en faire qu'un fous le même nom. Dans ce nom qui eft *Rha*, l'afpiration qui fuit la lettre initiale, fe prononçant dans une gorge Tartare *Rcha*, &

comme *K*, le son pour l'oreille est *Reca*, de même que dans le terme appellatif de rivière chez les Russes ; & ce terme, s'il n'est pas suivi de quelque nom particulier de rivière, paroîtra convenir à un fleuve dénommé ainsi par excellence. Dans les écrivains Grecs du bas-Empire, le nom qu'ils lui donnent, *Atel*, renferme une idée de noblesse comme de grandeur.

Il est fait mention d'Astrakan dès le commencement du treizième siècle, sous son nom primitif, ou sans altération, qui est *Hadgi-terkan*, dont le premier membre est un nom que l'on trouve avoir été propre à des Tartares, & le second est un titre de grande dignité chez eux. Cette ville fut détruite par Timur ou Tamerlan en 1395. Son emplacement n'a pas toujours été le même que celui qu'elle occupe actuellement, puisqu'à dix werstes ou milles Russes, & même soixante sur un canal qui n'est pas le principal, on trouve des vestiges de ville, qui ont servi à la construction de la ville actuelle. Elle fut prise d'assaut par les Russes en 1554, ce qui ne précède que de quatre ans l'époque de Jenkinson à l'égard de la Mer Caspienne.

Il faut maintenant consulter Olearius, qui quatre-vingts ans après Jenkinson, & après avoir navigué le Wolga dans une grande partie de son cours, a vu la Mer Caspienne. Ce voyageur tient une place distinguée entre ceux qui ont éclairé la Géographie sur plusieurs grandes contrées. Sa relation fournissoit par des circonstances locales, quelques corrections à faire sur la côte occidentale de la Mer Caspienne.

Latitude de Terki, ville ci-devant principale en Circassie, aujourd'hui détruite, observée 43 degrés 23 minutes. La construction de ma Carte a quelques minutes de plus. Dans

(11)

la Carte du Czar, 43 degrés font en écart de plus d'un tiers de degré vis-à-vis de l'obfervation.

Latitude de l'iſle Czeczeni ou Tzenkeni, 43^d 5′. Dans la Carte du Czar deux iſles pour une ſeule, qu'Olearius deſcendu à terre viſite. Le travers de deux iſles, qui occupent environ 10 minutes dans le deſſin de la Carte du Czar, eſt par 43^d 55′. Ainſi 50 minutes de différence en latitude, avec beaucoup de diverſité dans la configuration de la preſqu'iſle d'Agragansk.

On voit dans Olearius que c'eſt à ſon grand regret, & par une navigation contraire & très-orageuſe, qu'il n'a pas abordé la rade de Der-bend. Ce point de poſition, qui dans ma Carte ſe rencontre à 41^d 52′, eſt au-deſſus de 42 degrés de 6 ou 7 minutes dans la Carte du Czar. M. Deliſle n'y a point eu d'égard dans une Carte des pays ſitués entre la Mer Caſpienne & la Mer Noire, où la poſition de Der-bend par la graduation de cette Carte, eſt par 41^d 54′. Dans une Carte particulière du pays adjacent à la Mer Caſpienne, & qui mérite conſidération, Der-bend par la graduation de cette Carte eſt également par 41^d 54′, & de ces approximations, on peut conclure n'être pas loin d'une détermination très-rigoureuſe, en s'écartant de la Carte du Czar. Enfin, Olearius échoué ſur le rivage d'un lieu nommé *Nias-abad*, ſur lequel on a des indices d'avoir été autrefois de plus grande conſidération qu'actuellement, il y obſerve la hauteur à 41^d 15′. Le défaut de cette poſition dans la Carte Czarienne, nous prive de ce qui auroit donné lieu à une dernière comparaiſon.

Je ne puis prendre ſur moi d'être ici plus indifférent que je le ſuis ailleurs, ſur ce qui intéreſſe l'ancienne Géographie. Le rivage de mer que nous avons ſuivi depuis Der-bend, eſt celui de l'ancienne Albanie ; & ce que les Perfans appellent *Der - bend,* ou *Daru - bendi,* c'eft-à-dire, porte fermée, les Turcs *Demir-capi,* ou porte de fer, les Arabes *Bab-al-abouab,* ou Porte des portes, repréfente les *Albaniæ pylæ,* qui refferrent l'entrée du pays, au pied du Caucafe près de la mer. Ce fut néanmoins par-là que les Scythes ayant pénétré dans l'Arménie, fe répandirent en Afie. Une ville dont le nom eft écrit *Chabala* (par un χ) dans Ptolémée, *Cabalaca* dans Pline, & la feule qu'il cite en Albanie, fe fait connoître un peu au-delà de Der-bend, à quelque diftance de la mer, fous fon nom actuel de Kablasvar. Mais avant que de quitter l'Albanie, on voudroit retrouver un fleuve appelé *Albanus,* & une ville appelée *Albana.* En confultant la Carte dont j'ai parlé au fujet de la hauteur de Der-bend, & qui prévaut fur toute autre, on y voit le cours d'une rivière, qui par un grand repli fortant de la profondeur du Caucafe, fe rend dans la mer par deux embouchures au - deffous de Kablasvar. Quant à la ville d'*Albana,* je ne vois point d'autre place qui lui convienne que Niz - abad, comme on lit dans la même Carte, en y figurant même comme une contrée particulière. Celui de Dagh - iftan, convenable à un pays de montagnes, & que porte actuellement l'Albanie, eft tiré d'un terme de la langue Turque, *Dag* ou *Tag,* au pluriel *Dagler.*

L'Ibérie, qui en bordant la Mer Cafpienne fuccède à l'Albanie, demande que nous parlions du Kur & de l'Araxe, foit que ces rivières aient eu chacune leur embouchure particulière, ou qu'elle leur ait été commune ; car, l'accord n'eft pas univerfel fur ce point, comme il doit en être queftion. Ptolémée conduit l'Araxe à la Mer Cafpienne ; mais des témoignages très-graves y font contraires. On lit bien dans Strabon que l'Araxe fe rend dans la Mer Cafpienne, en ajoutant toutefois près du Cyrus, πλησίον ; & dans Pline on lit précifément, *à Cyro defertur (Araxes) in Cafpium mare.* Plutarque, dans la vie de Pompée, qui avoit porté la guerre jufqu'en Albanie, dit de même, quoiqu'il ne diffimule pas, que d'autres conduifoient l'Araxe à la Mer Cafpienne en s'approchant du Cyrus. Appien *(in Mithridaticis)* s'explique d'une manière pofitive en difant, qu'entre les rivières que reçoit le Cyrus l'Araxe eft la plus confidérable, & c'eft ce que l'état actuel veut également, avec cette circonftance, que le Kur fe divife en approchant de la mer, & qu'on y diftingue deux embouchures.

Olearius ayant quitté la mer, nous donne une Carte de fa route par terre, depuis le confluent du Kur & de l'Araxe, dont la hauteur par fon obfervation eft de 39ᵈ 54′. Cette route le conduit jufqu'au point le plus reculé de l'angle Sud-Oueft de la Mer Cafpienne, avec un retour vers l'Eft, & prenant du Sud jufqu'à une grande rivière, Ifpe-rud, ou Sebdura, qui borne le Guilan, & le fépare du Taberiftan, ou Mafanderan. Le Guilan, que la foie qu'il fournit rend recommandable, tire fon nom de la nation, dont le nom de *Gelæ* felon l'Antiquité, doit fe prononcer comme le *gamma* dans le Grec, & qui prononcé encore plus durement, s'écrira Khilan, comme dans Olearius. Les morceaux manufcrits qui m'ont été utiles, ainfi que je l'ai annoncé au commencement de ce Mémoire, arrondiffent cet angle du Sud-Oueft, comme il l'eft auffi dans la Carte du Czar. Mais il feroit abfurde de croire qu'Olearius habile en Aftronomie, fe fût mépris fur un coude formant un angle d'environ 90 degrés, dans la trace de fa route décrite fort en détail. Pour voir le contraire, il fuffit de confidérer combien la Carte du Czar eft négligée & incertaine dans fa configuration des embouchures du Kur.

Au-delà de l'Ifpe-rud, le rivage méridional de la Mer Cafpienne décline vers le Sud, & court enfuite avec quelque arrondiffement jufqu'à Efter-abad, côtoyant le pays des *Tapuri,* dont le nom fubfifte dans celui de Taberiftan. L'intérêt de l'ancienne Géographie qui me domine, veut que je m'y arrête, avant que de paffer fans retour à Efter-abad. Arrien dans fon Hiftoire de l'expédition d'Aléxandre *(livre III)* conduit ce prince à une ville, qu'il cite comme ville royale en Hyrcanie, fous le nom de *Zadracarta.* Dans les Tables Aftronomiques de Nafir-uddin & d'Olug-beg, une ville confidérable, & dont le nom fe lit Sariyah, eft l'emplacement que je crois convenable fur une rivière, qui à quelques lieues plus bas rencontre la Mer Cafpienne près d'une autre ville, qui eft Fehr-abad. Il ne feroit pourtant point exact d'appliquer à *Zadra-carta,* comme dans une Carte de l'expédition d'Aléxandre, dreffée par M. Delifle, le nom de Fehr-abad, qui n'exifte que depuis le règne de Shah-Abbas, qui fe plaifant en ce lieu a voulu lui donner ce nom, d'après un terme Perfan, Fehrath, propre à défigner un lieu agréable.

L'entrée d'Aléxandre chez les *Mardi,* & prefque auffi prompte que fon arrivée à *Zadra-carta,* eft un indice pofitif d'une proximité, qui eft très-conftante. L'Ifpe-rud qui s'ouvre un paffage très-refferré dans les montages efcarpées du Deïlem, eft le *Mardus,* ou *Amardus* comme on lit dans Ptolémée. *Mard* eft un terme commun à plufieurs idiômes de l'Orient, & au Perfan en particulier, pour fignifier au propre ce que *vir* fignifie en Latin, & qui fe prend auffi pour *bellator,* & dans un fens injurieux, à l'égard des *Mardi* du Deïlem, ou Dolomites, vivant de rapines fur leurs voifins. La même inclination au brigandage ailleurs que dans le Deïlem, fait trouver des *Mardi* en plufieurs cantons de l'Orient. Si on fépare de la dénomination de *Zadra-carta*, le dernier membre qui paroît en plufieurs noms de villes puiffantes en Orient, *Certa* ou *Kerta,* le nom particulier, ou *Zadra*, n'eft pas fans analogie à l'égard de Sariyah, felon qu'il eft écrit dans les Tables Aftronomiques, quoiqu'ailleurs il fe life Sari plus brièvement, felon des extraits que j'ai manufcrits d'Albuféda par l'abbé Renaudot. Cette difcuffion ne fera point jugée indifférente fur une circonftance hiftorique dans les marches d'Aléxandre, & dont Cellarius ne fait aucune mention. Mais il faut dire, que le lieu donné en latitude dans les Tables à 37 degrés, jetteroit cette pofition de *Zadra-carta* dans la Mer Cafpienne, n'ayant pas la convenance que les mêmes Tables nous montreront en plufieurs autres pofitions fur notre route.

La hauteur d'Efter-abad ne fouffrira aucune difficulté. C'eft un point fur lequel les Tables Aftronomiques font d'accord avec les Cartes de la Mer Cafpienne. Efter-abad eft à quelque diftance de la Mer, fur une rivière qui fe rend dans le port de cette ville. On lit dans Pline *(livre III)* qu'à une rivière nommée *Syderis,* dont on ne peut avoir de connoiffance felon Cellarius, une même Mer, *idem mare,* commence à prendre le nom d'*Hyrcanium.* Or il eft évident, par une convenance de pofition, comme par une analogie très-marquée avec le nom de lieu fubfiftant, que la rivière de *Syderis* ne nous eft plus inconnue.

Une feconde rivière à la fuite de *Syderis,* eft donnée par Ptolémée, fous le nom de *Socanda,* & on peut dire que ce

nom fe retrouve dans celui d'Abi-fcoun , ayant en tête un
terme adapté à des rivières chez les Perfans. Il eft fait mention
dans l'hiftoire d'une ifle de ce nom, pour avoir fervi de retraite,
& vu mourir de défefpoir un dernier Sultan de Kharas'm , que
la crainte de tomber entre les mains de Zenghiz-khan avoit
porté à fe réfugier dans cette ifle. Le texte Grec de Ptolémée,
dans lequel on trouve *Socanda polis* , voudroit ainfi une ville
de même nom , & Abi-fcoun eft une pofition dans les Tables
Aftronomiques à 37 degrés 15 minutes. Les rivières dont
il eft ici queftion , *Syderis* & *Socanda* , ont paru dans ma
Carte de l'*Orbis veteribus notus.*

Les Tables fournissent encore une détermination qui entre
dans notre objet. Forawa à la hauteur de 39 degrés, & plus
oriental d'un degré qu'Abi-fcoun. Dahiftan eft un nom qu'il
ne faut point omettre avant que de monter jufque-là. Il tire
ce nom d'une nation confidérable, les *Dahæ* , & de laquelle
étoit forti le premier Arfacés , fondateur de la Dynaftie des
rois Parthes. Il faut dire que Forawa porte aufli le nom de
Zawch , qui eft proprement celui de la contrée par laquelle
fe termine le Khorafan , fur la frontière d'Ogurza , qui appar-
tient au Kharas'm. Notre Carte figure au parallèle du trente-
neuvième degré , & fort différemment de la Carte du Czar,
une grande embouchure d'une rivière que l'Antiquité connoît
fous le nom d'*Ochus*, & qui fort de la *Parthiène*. Ce canton
repréfente le premier état d'une plus grande étendue de pays
fous le nom de *Parthia.* Or , ceci nous ramène à ce qu'on
a vu précédemment (& en terminant ce qui regarde Jenkinfon) être appelé Balkan. Nous achevons donc ainfi une
circonfcription entière de ce qui borde la Mer Cafpienne.

Je n'omettrai pourtant pas d'ajouter ici, ce qu'une circonf-

tance

tance de notre Carte offre d'intéreffant fur un objet confidérable. C'eft de voir fur la plage méridionale du golfe qui
fait le Nord de la Mer Cafpienne, un veftige bien figuré
de l'entrée d'une rivière, qui ne peut être que le Jaxarte de
l'Antiquité, appelé *Sihoun* dans les Géographes Arabes, *Sirr*
ou *Sirr-daria*, en joignant à ce nom le terme appellatif de
rivière ufité en ce coin de la Tartarie, *Silis* par les Scythes,
au rapport de Pline. Car il eft conftant que cette rivière,
après avoir traverfé avec de grands replis environ quatre degrés
de latitude jufqu'à une ville nommée *Tuncat*, tourne fubite-
ment vers l'Oueft, où elle rencontre le lac Arall, qui reçoit
fes eaux, & fort agrandi dans fa longueur, depuis que l'*Oxus*
n'a plus de communication avec la Mer Cafpienne.

Il fera finalement convenable de faire quelques remarques
fur la pofition que prend cette Mer dans fon étendue du
Nord au Midi. Je n'ai pu déférer à une indication de longitude fur un lieu voifin du rivage feptentrional, parce que
trop d'inclinaifon vers le couchant auroit fait reculer le Caucafe, ou l'auroit en partie fubmergé. D'ailleurs j'ai reconnu
qu'elle ne pouvoit fe concilier avec la graduation de longitude du *Gubernium Orenburgenfe*, dont j'ai parlé dans ce
Mémoire, longitude ayant rapport à la détermination de
Tobolsk, & à celle de Tobolsk avec Paris. L'emploi des
matériaux qui m'ont été donnés, m'a conduit & dirigé fur
cet article. Une ligne en diagonale tirée de la bouche du
Wolga vers l'angle Sud-eft à l'entrée du port d'Efter-abad,
décline du Sud à l'Eft d'environ 23 degrés. La Carte du
Czar donneroit cette déclinaifon moins ouverte de quelques
degrés. Ce que j'ai vu avoir été pratiqué en mettant en
parallèle deux configurations différentes de la Mer Cafpienne,

eſt un exemple que je ſuivrai. Mon objet dans cette comparaiſon ne peut regarder que la configuration de ma Carte
avec celle que M. Deliſle a publiée ; & la diſtinction ſera
facile au coup-d'œil, entre un trait ombré, & un ſimple
trait bordé de rouge, & très-facile à démêler dans la rencontre des traces de configuration.

Par cette comparaiſon on pourra juger, que la Carte,
qu'un mouvement de bienveillance dans un grand Prince
nous a communiquée il y a cinquante ans, n'étoit qu'une
eſpèce d'ébauche, un premier trait haſardé. Ce qui dut
frapper davantage au premier coup-d'œil, ce fut une grande
diſproportion dans l'objet repréſenté entre ſa longueur & ſa
largeur. Dans les Cartes publiées antérieurement par M.
Deliſle, ſavoir celle qui a pour titre, Turquie, Arabie, &
Perſe, en date de l'an 1701, la largeur de la Mer Caſpienne
à la hauteur de Der-bend, eſt de 7 degrés ſur la graduation
de latitude. Il en eſt de même dans ſon Théâtre hiſtorique,
mis au jour quelques années après, ne donnant à la longueur
du Nord au Sud que 9 à 10 degrés, quoiqu'on ſoit aſſuré
qu'elle en occupe 10. On ne voit aucune autre Carte de la
compoſition de M. Deliſle qui ait devancé celle qu'on a
dûe au Czar Pierre. Dans une Carte de comparaiſon avec
cette Carte, ſi on penſe qu'une ſuite de points qu'il y a
tracée, par diſtinction, & comme d'une côte inconnue, ainſi
qu'il s'en explique, on ne voit en cela qu'un motif de paroître
moins éloigné de ce qui convenoit en réalité.

F I N.

MER CASPIENNE
Par le Sr. D'ANVILLE, Prémier Géographe du Roi,
des Académies royales des Belles-Lettres et des Sciences. 1754 et 77.
Le trait bordé de rouge est le dessein de la Carte du Czar.
Baksaskoi Kultuk
Jaïk R.
Gurieu
Golgolei Kultuk
Zilantu Kriaz
Iemba
Ugol Bolxoi Perokapui Kory
Ugol Bolxoi Scorupigui Kory
VOLGA
ASTRACAN
Poluderonyé Lopatni
Orlov
Mertvoi Kultuk
GOLFE D'IEMBA
Rye
Riazinskaia Lopatna
Beglié Lopatni
Iarkowskoe Oustié
Malinov I.
Lobuginskoi Proran
Anc. Embouchure du Jaxarte ou Sirr
I. des Cignes
Kulali I.
Govennei Rynok
Komskoi Zaliv
Kolkowatoi I.
Izinu Kulnikoi Rynok
Eik Karagán
Menkaszlak selon Jenkinson
Kizlarskoi Zaliv
Tialenei I.
Kizlar R.
Terki l'ancen
Red Kuka
Bagye d'Alexandre Russe
Cap.
Lieues Françoises,
de 3000 Pas Géométr bu de 2600 Tois.
5   10   20   30
Bustro R.
Czeczeni I.
Werstes communs de Russie,
ou Milles Grecs, de 7 Stades.
20 40 80 60 100
Agragansk
Koi-su R.
Tarku
Bojnak
Kaïta Rustan
Parasanges Persanes, de 17 au Dég.
5   10   15   20
Deró Der-bend ou Porte de Fer
Samura R.
Lac dont l'eau est très amère
Muskur Nias-abad
Kara-bogas ou Noire bouché
Shabran
Parmak Daghi ou Montag. du Doigt
les 2 Freres
Anc. Bouche de l'Oxus ou Gihor
Sources de
l'Isle Sainte
Dagadaghi
Bakn
l'Isle habitée
Darbent
Montagne de Balkan
Norghin
les Eaux rouges
Dunannei I.
GOLFE DE BALKAN
Kur R.
Las
C. du Vizir
Naltonia
O Deverdi
Eliesdu
Kur
Sept.
Ogurzin Idok
Pointe d'Ogurza
Kexilagash R.
Kur Mérid.
Alibalig
Kerdwa ou Zauch
Lenkeran
Détroit
Astara
Howez Iemir
Shira-verd
Dahistan
Li ssar
Kurah ou Kesker
Lac de Sinsilin
Ispe-rud R.
Fusa
Resht ou Bil Laghigian
Ain al-Hun
Tunusht ni peut être Abi-Scoun
Bafrush
Amol
Ester-abad
Ferh-abad
Sari
Benref
66 67 68 69 70 72 73 74
Grav. D. De-la-Haye.

Contraste insuffisant

NF Z 43-120-14

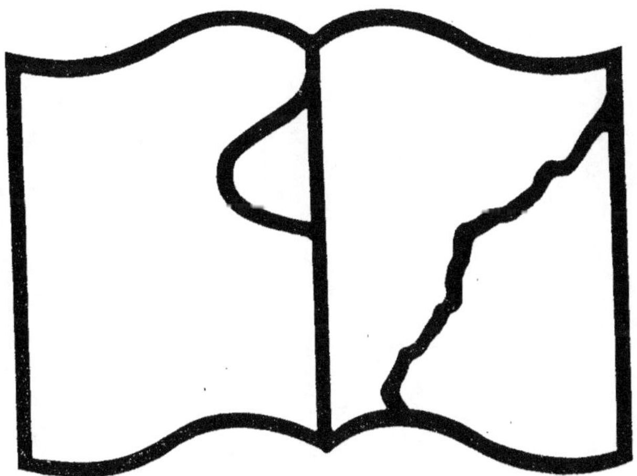

Texte détérioré — reliure défectueuse

NF Z 43-120-11